AF337594

VOYAGE

DE

LEURS MAJESTÉS IMPÉRIALES

DANS LE NORD DE LA FRANCE.

VOYAGE

DE

LEURS MAJESTÉS IMPÉRIALES

DANS LE NORD DE LA FRANCE

En août 1867

Par Théophile DENIS

Extrait du *Moniteur universel*.

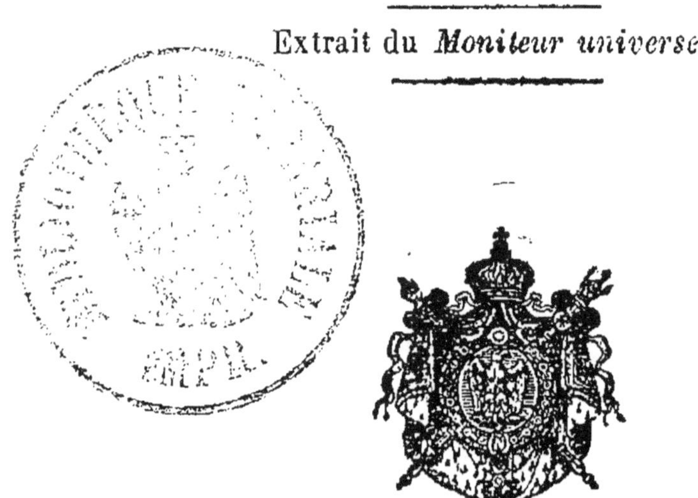

DOUAI

L. CRÉPIN, LIBRAIRE-ÉDITEUR

32, RUE DES PROCUREURS, 32.

1867

VOYAGE

DE

LEURS MAJESTÉS IMPÉRIALES

DANS LE NORD DE LA FRANCE.

Arras, Lille, 26 août 1867.

Dès que la nouvelle d'un voyage de l'Empereur et de l'Impératrice, dans l'ancienne capitale de la Flandre, eut pris quelque consistance, la ville d'Arras conçut l'espoir d'obtenir pour elle-même une visite de Leurs Majestés.

Les démarches de sa municipalité furent couronnées de succès.

Aussi bien cette première halte se rattachait naturellement au but principal de l'excursion du Souverain et de son Auguste Compagne qui devaient assister à la fête commémorative d'une importante victoire des armées françaises.

En effet, le passage de Leurs Majestés à Arras allait coïncider avec l'anniversaire d'un événement également mémorable, dont la ville a consacré le souvenir par l'institution de sa fête communale. C'est précisément à cette date du mois d'août que l'ancienne capitale des États d'Artois cèlèbre, chaque année, la levée de ce fameux siége de 1654, où le vicomte de Turenne battit le prince de Condé, et, du même coup, rassura la France et raffermit la fortune alors bien compromise du cardinal Mazarin.

Cette fête, comme celle de Lille, est donc essentiellement patriotique, et, comme elle aussi, évoque un souvenir qui touche à l'œuvre grandiose de l'unité française.

Il faut remarquer que la plupart des villes du Nord ont adopté, pour motif de leurs kermesses annuelles, l'événement qui a déterminé leur réunion à la France. Cette tradition n'est-elle pas à elle seule un témoignage éloquent de cet attachement à notre belle patrie, que la Flandre tient à manifester aujourd'hui avec éclat, après deux cents ans de preuves constantes et souvent caractérisées par un dévouement héroïque? Qu'on se rappelle, par exemple, l'admirable conduite des Lillois, à ce siége de 1708 dont le *Moniteur* retraçait, hier même, d'après M. Duruy, les émouvantes péripéties ; qu'on se rappelle surtout la résistance de ces mêmes patriotes, lors du siége de 1792 ! ..

Mais restons à Arras, et, sans nous laisser emporter par la vitesse de la pensée, sachons nous contenter de celle de la vapeur.

Il est une heure. Le wagon impérial s'est arrêté en gare. Leurs Majestés en descendent avec leur suite et sont reçues par toutes les autorités du département. La municipalité leur présente les clefs de la ville. Bientôt le cortége se met en marche ; il traverse des centaines de députations qui sont accourues, bannières déployées, de tous les points du département. Leurs

Majestés s'arrêtent d'abord à la cathédrale, où elles entendent le *Domine salvum*; elles se rendent ensuite à l'hôtel-de-ville.

Les réceptions officielles terminées, c'est l'heure de retourner à la gare.

Pendant ce temps, et au-dessus de tous les bruits et de toutes les acclamations, on entend retentir le carillon et les cloches du beffroi, ces voix populaires et joyeuses, spéciales aux localités du Nord.

Voilà le programme dans toute sa sécheresse. Mais quel travail ne faudrait-il pas pour en détailler l'exécution! Nous ne peindrons pas ce qui est indescriptible, comme cet enthousiasme d'une population heureuse de saluer des Souverains aimés, comme ces touchantes protestations de fidélité et de respectueuse affection, comme aussi ces aspects particuliers que présente une foule dominée par de fortes sensations: nos expressions amoindriraient ces côtés de la fête.

Il s'agit seulement de cette pompe matérielle déployée avec des efforts communs et spontanés, pour honorer les illustres visiteurs, et de tous ces chefs-d'œuvre décoratifs qui ont complètement transformé la physionomie de la cité

La fête est toute dans les rues et sur les places publiques, que le goût et le zèle des habitants ont parées d'une magnifique ornementation. Les motifs d'emblèmes et de trophées ne manquaient pas, pour une pareille circonstance, dans une ville si remarquable sous le triple rapport du commerce, de l'industrie et de l'agriculture. On s'en est inspiré avec un grand tact artistique.

Ainsi, les houillères du Pas-de-Calais étaient figurées, sur la place Sainte-Croix, par une fosse en pleine activité, avec ses brigades de mineurs et ses immenses amas de charbon : sur la grand'place, c'était une colossale pyramide de sept à huit mille sacs de blé disposés avec une élégante symétrie; un bateau de pêche, avec ses agrès et toutes voiles dehors, avait été transporté de Calais sur la place Saint-Géry, il se nomme *le Prince-Impérial*.

Cette mention rapide et incomplète prouve que nous ne nous arrêtons point devant des décors ordinaires, et que l'ornementation artésienne mérite d'être signalée pour son originalité.

Le train impérial a repris sa course.

Vers quatre heures, il traverse la gare de Douai qui est pavoisée de drapeaux et d'oriflammes et décorée d'arbustes et de trophées variés.

Cette ville avait eu un moment l'intention de célébrer, pour son propre compte, l'anniversaire deux fois centenaire de son annexion au territoire français; car on sait que sa conquête par Louis XIV n'a précédé que de quelques semaines celle de Lille.

Mais elle a pensé que la fête du chef-lieu, ayant un caractère départemental, pouvait la dispenser d'une démonstration locale. Elle est d'ailleurs représentée à Lille par de nombreuses députations, comptant chacune un nombreux contingent.

Leurs Majestés arrivent à la gare de Lille à cinq heures moins un quart. Elles y sont complimentées par les autorités, et la municipalité lilloise leur présente les clefs de la ville.

Le parcours est long jusqu'à la préfecture, où les augustes voyageurs doivent descendre; il n'y a pas moins de deux kilomètres. Cependant l'espace manque pour placer toutes les députations qui sont venues représenter les six cents communes de ce riche département. Les municipalités urbaines et villageoises, les ouvriers des grandes usines, les compagnies des sapeurs-pompiers, de francs-tireurs, d'archers et d'arbalétriers, les mineurs en tenue de travail, etc., forment une haie compacte, au milieu de laquelle les voitures de la Cour se frayent difficilement un passage. La marche est lente, elle est entravée par une foule que ne saurait contenir aucune force militaire. La population fait éclater une joie et un enthousiasme poussés aux dernières limites. Nos souverains sont heureux, et leur satisfaction de cet accueil chaleureux se traduit visiblement sur leurs traits.

Le cortége s'arrête à l'église Saint-Maurice. Leurs Majestés descendent de voiture et sont reçues par Mgr l'archevêque de Cambrai. La foule envahit la métropole, et continue à couvrir de ses vivats frénétiques les voix de l'Orphéon impérial qui chante le *Domine salvum*.

Pendant la cérémonie le ciel s'est couvert. Au moment où Leurs Majestés remontent en voiture, la pluie tombe à torrents, le tonnerre gronde. Les gens de service avaient relevé la capote de la voiture, mais l'Impératrice s'empresse de la faire baisser et reçoit stoïquement l'averse qui, du reste, ne fait fuir personne. Au contraire, toute la foule qui s'est amassée sur le parvis de l'église a remarqué le mouvement de la Souveraine et redouble ses enthousiastes acclamations. Cette grande et belle scène populaire continue jusqu'à la préfecture, et c'est à peine si l'on entend murmurer contre l'inclémence du temps.

Il est six heures. L'Empereur reçoit toutes les autorités.

Après le dîner doit avoir lieu une représentation de gala au grand théâtre. Le temps s'est rasséréné. La foule stationne dans les rues que vont traverser les Souverains. Tout annonce une nouvelle et chaleureuse ovation.

———

Lille, 27 août.

Hier c'était la fête du département ; aujourd'hui c'est la fête de Lille.

Les députations des arrondissements ont regagné, pendant la nuit, leurs communes respectives. Jusqu'au jour, les rues de la ville ont été sillonnées par de nombreux cortéges, la plupart musique en tête, s'acheminant vers la gare, et rendant à tout le monde le sommeil impossible par leurs cris incessants de : *Vive l'Empereur ! Vive l'Impératrice !* Cette durée de l'enthousiasme donnait la mesure de sa force et attestait sa sincérité.

Aujourd'hui, nous le répétons, Leurs Majestés appartenaient complètement aux Lillois. Elles allaient se trouver au milieu de cette population industrielle, essentiellement travailleuse, et pouvoir recueillir l'expression vraie et sans mélange de ses sentiments.

Empressons-nous de le dire, s'il y avait deux cent mille voix de moins pour Les acclamer, Elles n'ont pas dû s'en apercevoir au bruyant et chaleureux accueil dont Elles ont été l'objet.

Le matin, de très bonne heure, les abords de l'hôtel de la préfecture étaient encombrés par une foule avide d'assister à la sortie de Leurs Majestés.

Vers dix heures, l'Impératrice, d'abord, est partie pour visiter les établissements dont la nature appelle plus spécialement sa sollicitude. On comprend qu'il s'agit des maisons de charité, des hôpitaux.

Une demi-heure après, l'Empereur se rendait à quelques usines importantes, en commençant par l'imprimerie de M. Danel. Nous avons suivi Sa Majesté dans son itinéraire. Nous tenions à voir l'attitude de la classe ouvrière de Lille, dont nous avions entendu exalter l'affectueux dévouement à Napoléon III.

Il est impossible de se faire une idée du spectacle que nous a offert cette intelligente population. Dans la section des Moulins, chez M. Dequoy, filateur, à la grande usine de Fives, etc., une foule compacte exclusivement composée d'ouvriers couvrait littéralement la chaussée. Point de police pour faire une brèche dans ces rangs épais et faciliter la marche de la voiture impériale. Aussi peut-on dire que l'Empereur était porté par ces braves gens qui l'arrêtaient pour le voir de plus près et plus longtemps. Les cris de *Vive l'Empereur !* retentissaient d'une manière formidable, sortant de tous ces cœurs franchement ouverts. Cette ovation si spontanée, complètement dépourvue de caractère officiel, a profondément touché notre Souverain dont les traits reflétaient l'émotion qui s'était emparée de son âme.

Pendant ce temps, l'Impératrice était à sa mission de sœur de charité. Sa plus longue visite a été pour l'hôpital Saint-Sauveur ; Elle y est restée une heure et demi, s'arrêtant aux lits des malades les plus intéressants par leur âge ou la nature de leurs souffrances, distribuant des consolations et des secours. A son entrée comme à sa sortie de cette maison, Elle a été saluée par les acclamations d'une foule immense. La plupart des ouvrières de ce quartier avaient abandonné leur ménage, pour se trouver sur le passage de la Souveraine. Combien de ces femmes avons-nous vues le visage inondé de larmes et le cœur oppressé devant Celle qui les saluait avec cette grâce infinie qui subjugue tous les cœurs !

Nous n'en finirions pas, si nous voulions raconter tous les incidents qui ont marqué cette double promenade, et qui sont autant de souvenirs de la bienveillance et de la générosité de Leurs Majestés.

Pourtant, il en est un que nous mentionnerons, ne fût-ce que pour redire la manière simple et naturelle dont l'Empereur fait le bien.

Sa Majesté venait de sortir de la grande filature de Moulins-Lille ; la voiture s'avançait sur le boulevard d'Italie, à peu près désert en ce moment. Un vieillard marchait tout courbé sur le côté de la voie ; rien ne lui indiquait que l'Empereur fût à quelques pas de lui ; aussi continuait-il sa route sans détourner la tête.

Mais l'Empereur avait vu, sur la veste du brave homme, la médaille de Sainte-Hélène ; il donne l'ordre d'arrêter sa voiture et lui fait signe d'avancer.

Le vieillard n'en pouvait croire ses yeux : « C'est mon Empereur ! » dit-il avec des sanglots dans la voix. Il l'avait reconnu, car il était venu, la veille, pour le voir, et il retournait péniblement, mais satisfait de son voyage, à son village distant de plusieurs lieues.

L'Empereur l'interroge avec bonté, il écoute l'énumération des campagnes du vieux serviteur, et ne le quitte qu'après lui avoir laissé une marque de sa munificence. Nous n'ajouterons pas que le voyageur s'est remis en route, portant plus légèrement ses 87 ans.

Mais la foule, que la voiture impériale avait dépassée au sortir de Moulins, avait eu le temps de rejoindre l'équipage, et c'est au milieu de vivats prolongés que l'auguste bienfaiteur a repris sa promenade. Elle était terminée vers une heure.

A trois heures, l'Empereur a passé la revue des canonniers de Lille, des sapeurs-pompiers et des troupes de la garnison. Les divers corps étaient rangés en bataille le long du boulevard de l'Impératrice. A cette heure, la pluie qui tombait depuis le matin, par intervalles, a tout à fait cessé, et le soleil a reparu pour tout le reste de la journée.

Ces menaces du temps n'avaient point retenu chez eux les habitants des villages environnants; car dans la foule immense des spectateurs, il était facile de distinguer le contingent considérable de la population rurale. Cette revue a fourni l'occasion d'une nouvelle et enthousiaste ovation.

C'est ce soir qu'a lieu le grand bal offert à Leurs Majestés par la municipalité lilloise. Voilà près de deux mois que l'on a commencé les préparatifs de cette partie de la fête. La salle a été construite tout exprès; elle a des proportions très vastes et la décoration en est somptueuse.

On le voit, Lille a eu la coquetterie de vouloir se montrer essentiellement française; elle a négligé les réjouissances traditionnelles de la Flandre, comme les marches historiques, par exemple, qu'il avait été un moment question d'organiser. Elle a adopté, pour fêter sa réunion à la France, un programme français, comme le cœur de sa population.

Dunkerque, 28 août.

Ce serait une erreur de penser que les fêtes offertes à Leurs Majestés par les villes qu'elles visitent se ressemblent parce qu'elles se suivent. Elles ont bien un côté de commun, toujours immuable, celui-là, se représentant à chaque pas que font les augustes visiteurs : nous voulons parler de cet enthousiasme, partout le même, partout aussi vif, comme s'il avait sa source dans un seul cœur.

Mais le côté matériel des démonstrations populaires change dans chaque localité; il emprunte aux mœurs et aux traditions un caractère varié qui ne laisse pas à l'ennui le temps de naître. Car aucune des fêtes dont nous parlons n'a été réglée, quant aux accessoires qui les rendent si belles, par un programme officiel.

Les municipalités respectives se contentent de faire connaître à leurs administrés l'itinéraire que doivent suivre Leurs Majestés. De ce moment, les rues et les places sont abandonnées aux habitants ; ils en font ce que leur inspire le degré de respect et d'affection qu'ils ont pour les Souverains qu'ils attendent.

La ville de Dunkerque a fait aujourd'hui de véritables prodiges de décoration. Sa réputation était établie à cet égard, mais elle l'a énormément grandie : c'était le sentiment de tous ceux qui, comme nous, avaient déjà vu cette cité dans ses pompeux atours de fête.

A ne suivre que les rues du parcours de Leurs Majestés, il eût été impossible de reconnaître une ville sous cette masse d'oriflammes, de banderoles et de draperies, avec des arcs de triomphe élevés à des distances très rapprochées ; les façades des maisons, du rez-de-chaussée au faîte, étaient invisibles; le ciel même était entrevu avec difficulté, à travers les nombreuses guirlandes jetées d'un étage à l'autre, en passant par-dessus la chaussée.

L'Empereur et l'Impératrice sont descendus à la gare à deux heures.

La foule était immense. Toute la population rurale de l'arrondissement s'était jetée dans le chef-lieu, et formait, avec les députations et les corporations rangées sur la route, une double haie d'une formidable épaisseur. Aussi les acclamations avaient un retentissement imposant.

Il est des rues où ces cris enthousiastes éclataient avec un accompagnement d'une charmante originalité. Aux guirlandes qui reliaient les maisons d'un trottoir à l'autre, étaient suspendues d'énormes couronnes d'où tombaient de longs rubans terminés par un losange de verre colorié. Or, la brise agitait toutes ces pendeloques dont le choc incessant composait une musique de carillon très divertissante. Ce genre d'ornementation remonte à une date fort reculée : cela s'appelle des roses-noëts.

De même qu'à Lille, la population dunkerquoise qui remplissait la basilique où Leurs Majestés sont allées entendre le *Domine salvum*, n'a pu contenir ses vivats pendant la cérémonie religieuse. Ne peut-on pas considérer ces accents irrésistibles, comme une prière sortant, puissante et spontanée, du cœur du peuple ?

Leurs Majestés ont rencontré sur leur passage les femmes des pêcheurs, dans un costume d'ancienne tradition. Ces dames portaient un riche bonnet blanc aux ailes tombantes, une casaque semée de larges fleurs et un jupon court en laine rouge. Cette députation, qui s'est fait remarquer par son élan à acclamer particulièrement l'Impératrice, présentait un coup d'œil fort pittoresque. Toutes avaient les larmes aux yeux. On eût dit que chacune voyait dans notre Souveraine vénérée cette Providence qu'elle implore, à la chapelle des Dunes, chaque fois que la mer en furie met en danger son père, son époux, son fils.

Mentionnons un arc de triomphe spécialement dédié à l'Impératrice, avec cette inscription : *A la Providence des pauvres.* Cette décoration était composée de pains de toutes formes, empilés les uns sur les autres pour former les colonnes. Nous avions raison de dire que les motifs de décoration ne sont point partout les mêmes.

Mais ce qu'il ne nous est pas permis de passer sous silence, c'est ce magnifique pavillon élevé entre les deux écluses par l'administration des ponts-et-chaussées. Tous les engins maritimes avaient été réunis pour le composer. La voûte, qui supportait quatre canots, reposait elle-même sur des colonnes formées par d'énormes bouées. Ce détail seul donne une idée des proportions de ce beau monument.

C'est après avoir traversé ce pavillon que la voiture impériale s'est dirigée, en passant par la porte de Risban, vers le chenal, pour se rendre aux travaux des nouvelles fortifications.

Avant de la laisser s'éloigner, retournons-nous du côté du bassin du Commerce et admirons le spectacle offert par tous les navires pavoisés et symétriquement rangés contre les deux quais.

La promenade de Leurs Majestés a été longue, environ de sept à huit kilomètres.

Nous renonçons à peindre les ovations dont Elles ont été continuellement l'objet. Aussi emporteront-elles de cette digne cité de Jean-Bart la plus douce et la plus durable impression.

De leur côté les habitants conserveront, parmi les meilleurs souvenirs de leur vie, cette visite qui leur a montré l'intérêt et la sympathie que leur porte l'Empereur, et dans laquelle ils ont pu admirer la grâce infinie de Celle que tout le monde aime et bénit.

A six heures et demie nos Souverains étaient de retour à Lille. De la gare à la préfecture Ils ont été acclamés avec un enthousiasme toujours aussi ardent qu'à la première heure. Deux heures après, la même ovation se répétait pendant que Leurs Majestés se rendaient au concert.

Tourcoing, Roubaix, 29 août.

Pour avoir une idée exacte de l'importance qu'avait aujourd'hui la visite de Leurs Majestés Impériales à Tourcoing et à Roubaix, il est nécessaire de se rappeler dans quel milieu allaient se trouver nos Souverains. Ces deux grands centres manufacturiers, qui comptent ensemble plus de cent mille habitants, renferment une population ouvrière qui dépasse les quatre cinquièmes de ce chiffre.

C'est donc ici que l'Empereur devra rencontrer la plupart de ceux à qui s'adressent plus particulièrement ces paroles de son discours de Lille : « Je viens m'enquérir de vos besoins, relever le courage des uns, affermir la confiance de tous. » C'est ici qu'il pourra le mieux juger de l'effet qu'elles ont produit.

Il n'est point de scène populaire comparable à celle dont nous venons d'être témoins. Le retentissement de cette réception ne peut manquer de se faire entendre au-delà du département du Nord, et la France entière recueillera l'écho de ces cent mille voix acclamant, avec toute la force que donne seule la sincérité, le père des travailleurs.

Leurs Majestés sont arrivées à Tourcoing vers néuf heures et demie; leur voiture, attelée en poste à quatre chevaux, les a conduites à l'Hôtel-de-Ville. A la suite des réceptions officielles, Elles ont visité quelques-uns de ces grands établissements industriels dont les chefs ont un nom presque européen.

Elles ont voulu voir, en outre, les réservoirs des eaux de la Lys, travaux immenses de date récente, auxquels les usines de Tourcoing et de Roubaix doivent l'alimentation régulière de leurs machines.

La décoration des rues de Tourcoing et de Roubaix justifie les observations que nous faisions hier à propos de Dunkerque. Elles avaient aussi un cachet particulier. Mais ici, on pourrait en faire deux parts, si l'on tentait d'en donner une description complète.

Tandis que certaines ornementations se distinguaient par leur richesse, d'autres avaient ce caractère naïf, touchant, dans lequel on reconnaissait les efforts d'une main plus cordiale qu'artistique. Ces dernières étaient l'œuvre exclusive, spontanée, de l'ouvrier. En les regardant avec le cœur, il fallait leur accorder son admiration.

Leurs Majestés ont surtout arrêté leurs yeux, avec une sympathie qu'Elles n'ont point dissimulée, sur quelques estrades occupées par des milliers d'enfants vêtues de blanc. Ces petites filles avaient toutes une corbeille remplie de fleurs qu'elles ont jetées au passage de l'Empereur et de l'Impératrice. La douce et belle physionomie de notre Souveraine prenait à ce moment une expression ravissante.

Pendant que Leurs Majestés se présentaient au balcon de la mairie de Tourcoing, où les saluaient les vivats de milliers de spectateurs entassés sur la place, l'Empereur attira l'attention de l'Impératrice sur un des quatre arcs de triomphe élevés aux angles de cette place. Ce motif de décoration était dédié à notre Souveraine; il portait cette inscription, parfaitement inspirée et très éloquente dans son laconisme : *Grenade—Paris — Amiens*. Trois noms éveillant trois grands souvenirs : Grenade, le berceau de celle que Dieu destinait à la France ; Paris, théâtre de l'adoption de l'Épouse de l'Empereur par notre patrie; Amiens, témoin de l'héroïsme de la Sœur de charité !

Une longue rue de trois kilomètres environ, relie Tourcoing à Roubaix, sans solution de continuité. C'est cette route qu'ont suivie Leurs Majestés, en voiture, pour se rendre à cette dernière ville.

A quelque distance de la limite territoriale de deux cités si étroitement unies, Roubaix avait dressé un arc de triomphe dans des proportions monumentales, qui n'ont peut-être jamais été dépassées ailleurs. Elles rappellent à première vue les dimensions et aussi les lignes de la porte Saint-Denis. Ce magnifique édifice avait à sa base quatre statues colossales représentant l'Indusdrie, le Commerce, la Paix et les Beaux Arts. Son inscription résumait les sentiments de la population : « A l'Empereur, à l'Impératrice, la ville de Roubaix fidèle et reconnaissante. Notre espoir est en eux. »

Il était midi et demi quand Leurs Majestés, venant de l'Hôtel-de-Ville, sont entrées chez M. le comte Mimerel, sénateur, dont Elles avaient bien voulu accepter l'invitation à déjeûner.

A leur arrivée dans la cour, Elles ont été saluées par les acclamations d'une nombreuse population ouvrière à laquelle avaient été ouvertes les portes de l'hôtel. Ces cris ont retenti pendant tout le temps du repas; ils se mêlaient aux exécutions musicales de plusieurs corps d'harmonie et d'orphéons placés sur la pelouse du parc.

Le couvert impérial était dressé dans un salon dont les portes s'ouvraient sur une terrasse d'où le regard pouvait embrasser la perspective du parc. A la fin du déjeuner, l'Empereur et l'Impératrice sont venus un instant sur cette terrasse. Elles ont pu jouir alors d'un spectacle véritablement émouvant.

Le jardin avait été abandonné à la libre circulation du public. L'affluence y était énorme. Toute cette foule, massée sur les pelouses autour d'une belle pièce d'eau, ou dispersée sous les grands arbres, fit entendre un long cri de : *Vive l'Empereur ! Vive l'Impératrice ! Vive le Prince Impérial !*

Leurs Majestés remerciaient de la voix et de la main, avec une affabilité expansive qui trahissait leur bonheur de recueillir ainsi, dans sa pleine liberté, l'expression du dévouement et de l'amour des classes laborieuses.

Vers deux heures, Leurs Majestés ont quitté l'hôtel de M. le comte Mimerel, pour visiter les établissements de charité et quelques grandes fabriques. Dans toutes ces diverses stations, Elles ont reçu de nouveau les témoignages les plus éclatants de la reconnaissance publique.

Cette excursion aura eu les conséquences heureuses que désiraient les cœurs généreux de nos Souverains. Le courage se soutiendra, la confiance se raffermira au sein de ce peuple énergique et laborieux qui sait maintenant de quelle haute sollicitude il est l'objet. L'union du chef de l'Etat et de ces vaillantes légions d'ouvriers est plus intime que jamais.

Leurs Majestés étaient de retour à Lille vers cinq heures.

Les voitures de la Cour ne se trouvaient point encore à la gare. L'Empereur, apercevant une voiture de place, la fit avancer et s'y installa avec l'Imperatrice. Le cortége avait un aspect moins riche, mais il n'eut pas moins de succès que si Leurs Majestés avaient traversé Lille dans les équipages de gala. La population a applaudi énormément, en mêlant beaucoup de gaieté à ses acclamations.

On sait que l'Empereur et l'Impératrice devaient quitter Lille aujourd'hui pour retourner à Paris, en s'arrêtant à Amiens. Mais Leurs Majestés sont tellement touchées de l'accueil qui leur est fait dans cette contrée qu'Elles ont retardé leur départ d'une journée. Elles quitteront Lille vendredi à une heure après avoir visité la Bourse dans la matinée.

Lille, Amiens, 30 août.

Les adieux que Leurs Majestés ont reçus de la population Lilloise ont été dignes de la réception qui leur avait été faite cinq jours auparavant. A l'heure où les augustes visiteurs s'éloignaient de cette ville qui les avait reçus avec tant d'enthousiasme, il n'y avait plus de fête. Chacun avait repris ses occupations; l'ouvrier était à l'atelier; le mouvement du travail avait, sur tous les points, succédé aux bruits et à l'agitation des réjouissances.

Mais quant vint le moment du départ de Leurs Majestés, toutes les usines et les fabriques furent de nouveau désertées; les travailleurs voulurent se trouver une dernière fois sur le passage des Souverains, et, dans un dernier élan d'enthousiasme libre et spontané, leur prouver qu'Ils partaient en emportant la meilleure part de tous les cœurs.

Rien ne saurait peindre le caractère touchant de ces adieux. Le prestige extérieur n'existait plus, et le sentiment seul faisait tous les frais de cette fête vraiment intime. L'ouvrier était là, dans sa tenue de travail, se précipitant sur les pas de Leurs Majestés, et cherchant avec un empressement avide les visages aimés dont il voulait une dernière fois fixer les traits dans son souvenir. Des cris prolongés, dans lesquels on sentait l'émotion profonde de ceux qui les poussaient, ont appris à nos Souverains tout ce qu'ils laissaient après eux de respectueuse affection et de sympathique dévouement.

Le train impérial s'est arrêté pendant quelques minutes à la gare de Douai. La population avait envahi les abords de cette station ou couvrait les remparts que traverse la ligne ferrée. De formidables hurrahs ont accueilli l'arrivée de Leurs Majestés et les ont long-temps saluées à leur départ.

L'Empereur et l'Impératrice arrivaient à Amiens vers quatre heures.

C'est ici surtout que les expressions manqueraient pour rendre fidèlement les sentiments dont était animée la population que venaient visiter Leurs Majestés.

On sait le lien particulier qui unit l'Impératrice à la ville d'Amiens; et l'on n'oubliera jamais dans quelles circonstances notre Souveraine y est venue donner la mesure du courage et de l'abnégation de son noble cœur.

Il y a un peu plus d'un an, le 4 juillet 1866, Elle arrivait au milieu d'un peuple éprouvé par le plus implacable fléau; Elle venait se dévouer, résolue en quelque sorte au sacrifice de sa vie, pour relever par son auguste présence le courage abattu de ceux que la Providence frappait si terriblement. Elle pleurait alors sur toutes les infortunes dont Elle était entourée, Elle avait revêtu ses habits de deuil, Elle s'avançait, dans les hôpitaux, au milieu d'une double haie de mourants, n'entendant que des cris de désespoir, ne voyant que des visages consternés et noyés dans les larmes.

Que le spectacle est différent aujourd'hui!

La joie est partout, l'allégresse éclate sous toutes les formes : c'est la grande fête de la reconnaissance!

L'Impératrice est dans une toilette ravissante ; Elle est acclamée avec délire. Elle peut voir encore des pleurs dans les yeux que rencontrent les siens, mais ils viennent d'une autre source: c'est la gratitude, l'amour, le bonheur qui les font verser.

La ville était partout richement décorée. Parmi les arcs de triomphe élevés dans le parcours du cortége, nous avons remarqué celui qui avait été établi par les habitants près de la place Saint-Denis. Il y avait sur le fronton une peinture en grisaille, exécutée avec talent et dans des proportions qui la laissaient voir de loin; elle représentait l'Impératrice au chevet des cholériques. Voici l'inscription de cette décoration : « La ville d'Amiens reconnaissante; Hôtel-Dieu, Saint-Jacques, maison Cozette, Notre-Dame, Saint-Leu, Petites-Sœurs. »

Ces six noms rappelaient les maisons de charité dans lesquelles l'Impératrice avait montré tant d'héroïsme en 1866.

Après le *Domine salvum* chanté à la cathédrale, Leurs Majestés se sont rendues au musée Napoléon, dont les magnifiques galeries avaient été disposées et ornées avec luxe pour les réceptions officielles. Le séjour de nos Souverains à Amiens a duré trois heures environ. Pendant tout ce temps l'enthousiasme de la population s'est tenu à un degré qui n'a jamais été dépassé et dont les témoins seuls peuvent comprendre la force et reconnaître la sincérité.

Cette dernière étape a dignement terminé le long et magnifique voyage de Leurs Majestés.

DOUAI. — IMPRIMERIE L. CRÉPIN, 32, RUE DES PROCUREURS.